BENEDIKT XVI.

Alles Gute!

BENEDIKT XVI.

Alles Gute!

Die schönsten Texte und Bilder des deutschen Papstes

Herausgegeben von
Simon Biallowons

HERDER

FREIBURG · BASEL · WIEN

Meinen beiden Patenkindern
Amélie und Maxim

Simon Biallowons
München, 20. November 2016

Inhalt

Vorwort

Jedes Mal, wenn ich die Werke von Joseph Ratzinger/ Benedikt XVI. lese, wird mir klar, dass er Theologie »auf Knien« betrieben hat und dies noch tut: auf Knien, weil man sieht, dass er nicht nur ein herausragender Theologe und Lehrmeister des Glaubens ist, sondern ein Mann, der wirklich glaubt, wirklich betet. Man sieht, dass er ein Mann ist, der die Heiligkeit verkörpert, ein Mann des Friedens, ein Mann Gottes. Und so verkörpert er auf beispielhafte Weise das Wesen des gesamten priesterlichen Wirkens: jenes tiefe Verwurzeltsein in Gott, ohne das das ganze Organisationstalent, die ganze vermeintliche intellektuelle Überlegenheit, das ganze Geld und die Macht nutzlos sind. Er verkörpert jene ständige Beziehung zum Herrn Jesus, ohne die nichts mehr wahr ist, alles zur Routine wird, die Priester fast schon zu Gehaltsempfängern, die Bischöfe zu Bürokraten werden und die Kirche nicht Kirche Christi ist, sondern etwas, das wir geschaffen haben, eine NGO, die letztendlich überflüssig ist.

Mit seinem Verzicht auf die aktive Ausübung des Petrusdienstes hat Benedikt XVI. beschlossen, sich ganz in den Dienst des Gebets zu stellen: »Der Herr ruft mich, den ›Berg hinaufzusteigen‹, mich noch mehr dem Gebet und der Betrachtung zu widmen. Doch dies bedeutet nicht, dass ich die Kirche im Stich lasse, im Gegenteil. Wenn Gott dies von mir fordert, so gerade deshalb, damit ich fortfahren kann, ihr zu dienen, mit derselben Hingabe und mit derselben Liebe, wie ich es bislang versucht habe«, sagte er in seinem letzten, bewegenden Angelusgebet. Unter diesem Gesichtspunkt möchte ich noch hinzufügen, dass er uns vielleicht gerade heute, als Papst emeritus, auf besonders deutliche Weise eine seiner größten Lektionen der »Theologie auf Knien« erteilt. Denn vielleicht kann Benedikt XVI. vom Kloster Mater Ecclesiae aus, in das er sich zurückgezogen hat, weiter und auf noch leuchtendere Weise den »entscheidenden Faktor«, jene innere Mitte des priesterlichen Dienstes bezeugen, die die Diakone, die Priester und die Bischöfe nie vergessen dürfen: dass nämlich der erste und wichtigste Dienst nicht die Leitung der »laufenden Angelegenheiten« ist, sondern das Gebet für die anderen, ohne Unterlass, mit Leib und Seele. So wie es der emeritierte

Papst heute tut: kontinuierlich in Gott versunken, das Herz stets auf ihn gerichtet, wie ein Liebender, der in jedem Augenblick an den geliebten Menschen denkt; egal, was er tut. So zeigt uns Seine Heiligkeit Benedikt XVI. mit seinem Zeugnis, was wahres Beten ist: nicht die Beschäftigung mancher Personen, die als besonders fromm und vielleicht wenig dafür geeignet gelten, praktische Probleme zu lösen; dieses »Tun«, das die »Aktiveren« als das entscheidende Element unseres priesterlichen Dienstes ansehen und das Gebet so auf eine »Freizeitbeschäftigung« beschränken. Und Beten ist auch nicht nur eine gute Praxis, mit der man sein Gewissen beruhigt, oder ein frommes Mittel dafür, von Gott das zu erwirken, was uns in einem bestimmten Moment notwendig erscheint. Nein. Das Gebet ist ein entscheidender Faktor: Es ist die Fürbitte, derer die Kirche und die Welt – besonders in diesem Moment der wahren Zeitenwende – heute mehr denn je bedürfen, die sie brauchen wie das Brot, ja mehr als das Brot. Denn Beten bedeutet, dass man die Kirche Gott anvertraut, in dem Bewusstsein, dass die Kirche nicht uns gehört, sondern Ihm, und dass er sie gerade aus diesem Grund niemals im Stich lassen wird; weil Beten bedeutet, dass man die Welt und die Menschheit Gott anvertraut. Das Gebet ist der Schlüssel, der das Herz Gottes aufschließt; der einzige, dem es gelingt, Gott immer wieder aufs Neue in diese unsere Welt hineinzuführen; und auch der einzige, dem es gelingt, die Menschen und die Welt immer wieder aufs Neue Gott zuzuführen wie den verlorenen Sohn dem Vater, der ihn so sehr liebt, dass er nur darauf wartet, ihn wieder in die Arme schließen zu können. Benedikt weiß, dass das Gebet die erste Aufgabe des Bischofs ist (Apg 6,4). So geht wahres Beten also mit dem Bewusstsein einher, dass die Welt ohne das Gebet nicht nur die Orientierung verliert, sondern auch die wahre Quelle des Lebens.

Liebe Mitbrüder! Ich erlaube mir zu sagen, dass wenn einer von euch jemals Zweifel daran gehabt haben sollte, was der Schwerpunkt seines Amtes ist, sein Sinn, sein Nutzen; wenn er jemals Zweifel daran gehabt haben sollte, was die Menschen wirklich von uns erwarten, dann möge er über die hier vorgelegten Seiten nachdenken. Das, was die Menschen von uns erwarten, ist nämlich vor allem: dass wir ihnen Jesus Christus bringen und sie zu ihm führen, zum frischen und lebendigen Wasser, nach dem es sie mehr dürstet als nach allem anderen, das nur Er zu schenken vermag und das durch nichts je ersetzt werden kann; dass wir sie zur wahren und vollkommenen Glückseligkeit führen, wenn sie nichts mehr zu befriedigen vermag; dass wir sie der Erfüllung ihres geheimsten Traums zuführen, den wahr werden zu lassen ihnen keine Macht der Welt versprechen kann!

Franciscus

(Aus: Benedikt XVI./Joseph Ratzinger,
Die Liebe Gottes lehren und lernen, Herder 2016)

Mein
Mozart

Nein, mit der Überschrift wird nicht Kardinal Joachim Meisner paraphrasiert, der Kardinal Joseph Ratzinger noch vor seiner Wahl zu Papst Benedikt XVI. einmal als »Mozart der Theologie« bezeichnete. Nein, hier geht es um den österreichischen (Tut mir leid, liebe Augsburger!) Wunderkomponisten. Eher nämlich könnte man sich Benedikt XVI. vorstellen, wie er fast entrückt lauschend haucht: »Mein Mozart...!« Oder, um es in gewählteren Worten aus einer seiner Ansprachen auszudrücken: »Ich werde nie vergessen, wie mit den ersten Klängen der Krönungsmesse von Mozart irgendwie der Himmel aufging und die Gegenwart des Herrn ganz tief zu erleben war.«

Diese musikpoetischen Worte sind noch gar nicht so alt, keine zwei Jahre. Damals empfing der Papst emeritus die Ehrendoktorwürde der Krakauer Musikakademie und in seiner Rede, mit einer noch dünneren Stimme als früher, dafür aber hell und klar wie immer in seinen Ausführungen, blickte er darauf, was Musik im Allgemeinen und eben Mozart im Besonderen ihm bedeute: »Ich selbst bin im Traditionsraum von Salzburg aufgewachsen. Die festlichen Messen mit Chor und Orchester gehörten ganz selbstverständlich zu unserem gläubigen Erleben der Liturgie.« Und: »Musik von der Größenordnung, wie sie im Raum des christlichen Glaubens entstanden ist – von Palestrina, Bach, Händel zu Mozart, zu Beethoven und zu Bruckner, gibt es in keinem anderen Kulturraum.«

Dass Benedikt XVI. generell ein großer Liebhaber der klassischen Musik und passionierter Klavierspieler ist, das wusste man schon lange. Bei den regelmäßigen Konzerten in der Vatikanischen Audienzhalle ließ er sich auch nicht von der mäßigen Akustik stören, lauschte oft in sich versunken – die Bilder davon berühren bis heute. Mozart aber, der steht für den Bayern, der in unmittelbarer Nähe zu Salzburg aufwuchs, noch einmal eine Stufe über den anderen Komponisten. 1941 habe er zum ersten Mal in Salzburg Mozarts c-Moll-Messe gehört, natürlich zusammen mit seinem Bruder, dem langjährigen Regensburger Domkapellmeister, Georg: »Obwohl ich damals ein ziemlich einfältiger Bub war, habe ich begriffen, dass wir mehr als ein Konzert erlebt hatten, dass es gebetete Musik, dass es Gottesdienst war.« Diese Ergriffenheit dauert bis heute an, ist mit den Jahren vielleicht sogar noch stärker und tiefer geworden. Jedes Mal, wenn Benedikt XVI. seinem Lieblingskomponisten lauscht: »Ich spüre in meinem Herzen, dass mich ein Strahl der himmlischen Schönheit erreicht, und dieses

Empfinden stellt sich auch heute noch jedes Mal aufs Neue wieder ein, wenn ich diese großartige, dramatische und ernste Meditation über den Tod höre.« Oder, ganz einfach und knapp: »Mozart ist schön, wie die Schöpfung schön ist.«

Was ist das überhaupt – Musik? Was ist ihr Woher und was ist ihr Wozu? Ich denke, man könne drei Ursprungsorte der Musik ausmachen.

Ein erster Ursprung ist die Erfahrung der Liebe. Wenn Menschen von der Liebe ergriffen wurden, ging eine andere Dimension des Seins auf, eine neue Größe und Weite der Wirklichkeit. Und die drängte auch zu einer neuen Weise, sich auszudrücken.

Ein zweiter Ursprungsort der Musik ist die Erfahrung der Trauer, die Berührung durch den Tod, durch Leid und die Abgründe des Daseins. Auch hier eröffnen sich, nach der anderen Seite hin, neue Dimensionen der Wirklichkeit, die mit dem Reden allein nicht mehr beantwortet werden können.

Endlich der dritte Ursprungsort der Musik ist die Begegnung mit dem Göttlichen, die von Anfang an zum Menschsein gehört. Hier erst recht ist das ganz Andere und Große da, das im Menschen neue Weisen hervorruft, sich auszudrücken. Vielleicht kann man sagen, dass in Wirklichkeit auch in den beiden anderen Bereichen – Liebe und Tod – uns das göttliche Geheimnis berührt und in diesem Sinn insgesamt das Angerührtwerden von Gott Ursprung der Musik ist.

ANSPRACHE, 4. JULI 2015

Es ist oft schwer und geschichtlich umstritten, das Christentum nicht dem Buchstaben gemäß zu leben, die Heilige Schrift nicht dem Buchstaben gemäß zu hören, sondern über das Wort, über den jetzigen Augenblick hinaus auf den Herrn, der zu uns spricht, und auf die Vereinigung mit Gott zuzugehen. Wenn wir den griechischen Text betrachten, finden wir ein anderes Verb, »catartizesthe«, und dieses Wort bedeutet »erneuern«, ein Instrument ausbessern, seine volle Funktionsfähigkeit wiederherstellen. Das häufigste Beispiel für die Apostel ist die Ausbesserung eines Fischernetzes, das nicht mehr in einem guten Zustand ist, das viele Löcher hat und nichts mehr taugt; das Netz so zu reparieren, dass es wieder als Netz für den Fischfang dienen und in seinen ursprünglichen Zustand als Werkzeug für diese Arbeit zurückkehren kann. Ein anderes Beispiel: ein Musikinstrument, das eine gerissene Saite hat, sodass man nicht mehr so musizieren kann, wie man sollte. Bei diesem Gebot erscheint unsere Seele wie ein Netz der Apostel, das oft nicht so funktioniert, wie es sollte, weil es von unseren eigenen Absichten zerrissen wird; oder wie ein Musikinstrument, auf dem leider manche Saite gerissen ist, so dass die göttliche Musik, die es in unserem Innersten spielen sollte, nicht gut klingen kann. Es gilt also, dieses

Instrument auszubessern, die Risse, die Zerstörungen, die Nachlässigkeiten, die Fehler zu erkennen und das Instrument wieder vollkommen herzustellen, damit es dazu verwendet werden kann, wozu es vom Herrn geschaffen wurde.

MEDITATION, 3. OKTOBER 2005

Ich finde es bewegend zu sehen, wie etwa in den Psalmen den Menschen auch das Singen nicht mehr ausreicht, sondern alle Instrumente aufgerufen werden – die verborgene Musik der Schöpfung, ihre geheimnisvolle Sprache geweckt wird. Mit dem Psalterium, in dem ja auch die beiden Motive Liebe und Tod immer wirksam sind, stehen wir direkt am Ursprung der Musik der Kirche Gottes. Man kann wohl sagen, daß die Qualität der Musik an der Reinheit und Größe der Begegnung mit dem Göttlichen, mit der Erfahrung der Liebe und des Schmerzes steht. Je reiner und je wahrer diese Erfahrung ist, desto reiner und größer wird auch die Musik sein, die daraus hervorwächst.

ANSPRACHE, 4. JULI 2015

Prost Mahlzeit!

Fast flaniert man an ihr vorbei, an der Cantina Tirolese in der Via Giovanni Vitelleschi in Rom. Beeindruckt von der Monumentalität der Engelsburg, die sich schräg gegenüber erhebt, hingerissen von dem Blick durch die parallel liegende Via della Conciliazione hin auf den Petersdom, sind es nur wenige Schritte und man verliert sich schon wieder in den engen Gassen des Borgo Pio mit seinen unzähligen Restaurants, Souvenirläden und den wie Pilze aus dem Boden schießenden Lebensmittelgeschäftchen, die von Filipinos oder Indern geführt werden. Vor zwei Jahrzehnten waren die noch nicht da, sah der Borgo ganz anders aus, damals, als oft ein kleiner, zerbrechlich wirkender Mann in unscheinbarem schwarzen Gewand seinen Weg durch die Gässchen zur Via Giovanni Vitelleschi machte. Zielgerichtet und schnurstracks hin, eben zur Cantina Tirolese. Rein in den Raum, die Begrüßung der Gastfamilie wie bei alten Freunden, runter die Treppe und meistens an ein und denselben Tisch, seinen Tisch. Der Mann war Stammgast hier, kam häufig, nur irgendwann nicht mehr – aber nicht etwa, weil ihm das Gulasch oder natürlich die Nachspeisen nicht geschmeckt hätten. Sondern weil er eine andere Stelle bekommen hatte, einige Hundert Meter drüben im Apostolischen Palast. Die Rede ist von Joseph Ratzinger, der als Kardinal und Glaubenspräfekt gerne in die Cantina kam, um kulinarisch ein wenig die Heimat zu genießen, und der als Papst und Benedikt XVI. nicht mehr seinen Spaziergang herüber machen konnte.

Heute gibt es noch den Tisch Nummer 6, der dem ehemaligen Stammgast und heutigen Papa emeritus gewidmet ist. Mit Foto und allem drum und dran. Als könnte er jeden Augenblick durch die Tür kommen, sein Lieblingsessen bestellen – tatsächlich Gulasch oder auch eine Pfannkuchensuppe, pardon: Frittatensuppe – und zu plaudern beginnen. Wobei man auf Nachfrage zugibt, dass es nicht unbedingt immer und nur dieser Tisch war – aber wen interessieren solche historischen Spitzfindigkeiten am Ende schon? Oder, um es mit einem Touristenpärchen zu sagen, in mittlerem Alter, sie trotz 30 Grad im Dirndl, er verschwitzt in Trachtenhosen, das vor dem Tisch stehend einmal ganz versonnen und mit unverkennbar bajuwarischem Einschlag sinnierte: »Mei, da hat er also gesessen, unser Papst.« Und, auch wenn es wie ein Klischee klingt, der Mann fügte noch verzückter hinzu: »Da hat also der Ratzinger Joseph sein Bier getrunken.«

Wirklich geschehen, wobei die Vorstellung des Papst-Landsmannes laut Wirtin nicht ganz korrekt war: Bier, das gab es für Kardinal Ratzinger nur ganz selten. Und wenn, dann nur ein kleines. Trotzdem: Prost, heiliger Vater!

Leib und Seele brauchen Zeiten der Ruhe und der Erholung. Solches Innehalten weitet unseren Blick und macht uns offen für die Begegnung mit Gott und mit den Menschen um uns. Der Herr schenke euch in diesem Sommer eine gute und besinnliche Urlaubszeit und begleite euch stets mit seiner Gnade.

ANGELUS, 22. JULI 2007

Viele Zeichen der Zuneigung habe ich von überall und besonders aus den bayerischen Diözesen während meines Pontifikatsbeginns und all die Jahre hindurch erhalten dürfen. Das stärkt mich Tag um Tag. Vergelt's Gott also für all das, was geschehen ist von den verschiedensten Seiten – ich werde auch bei anderen Anlässen darauf zurückkommen können!

ANSPRACHE, 9. SEPTEMBER 2006

Der Wein verweist auf das Fest, auf die Köstlichkeit der Schöpfung, in der sich zugleich auf besondere Weise die Freude der Erlösten ausdrücken kann. Das Öl des Olivenbaumes hat umfassende Bedeutung. Es ist Nahrung, es ist Medizin, es gibt Schönheit, es rüstet zum Kampf und gibt Stärke. Die Könige und die Priester werden mit Öl gesalbt, das so Zeichen von Würde und Verantwortung wie auch der Kraft von Gott her ist. In unserem Namen »Christen« ist das Geheimnis des Öls anwesend. Denn das Wort »Christen«, mit dem die Jünger Christi schon zu Beginn des Heidenchristentums benannt werden (vgl. Apg 11, 20f.), ist von dem Wort Christus her genommen – der griechischen Übersetzung des Wortes Messias, das »der Gesalbte« bedeutet. Christsein heißt: Von Christus herkommen, zu Christus gehören, zu dem Gesalbten Gottes, zu dem, dem Gott das Königtum und das Priestertum geschenkt hat. Zu dem, den Gott selbst gesalbt hat – nicht mit materiellem Öl, sondern mit dem, wofür das Öl steht: mit seinem Heiligen Geist. Das Öl der Olive ist so in ganz besonderer Weise Symbol für das Durchdrungensein des Menschen Jesus mit dem Heiligen Geist.

PREDIGT, 1. APRIL 2010

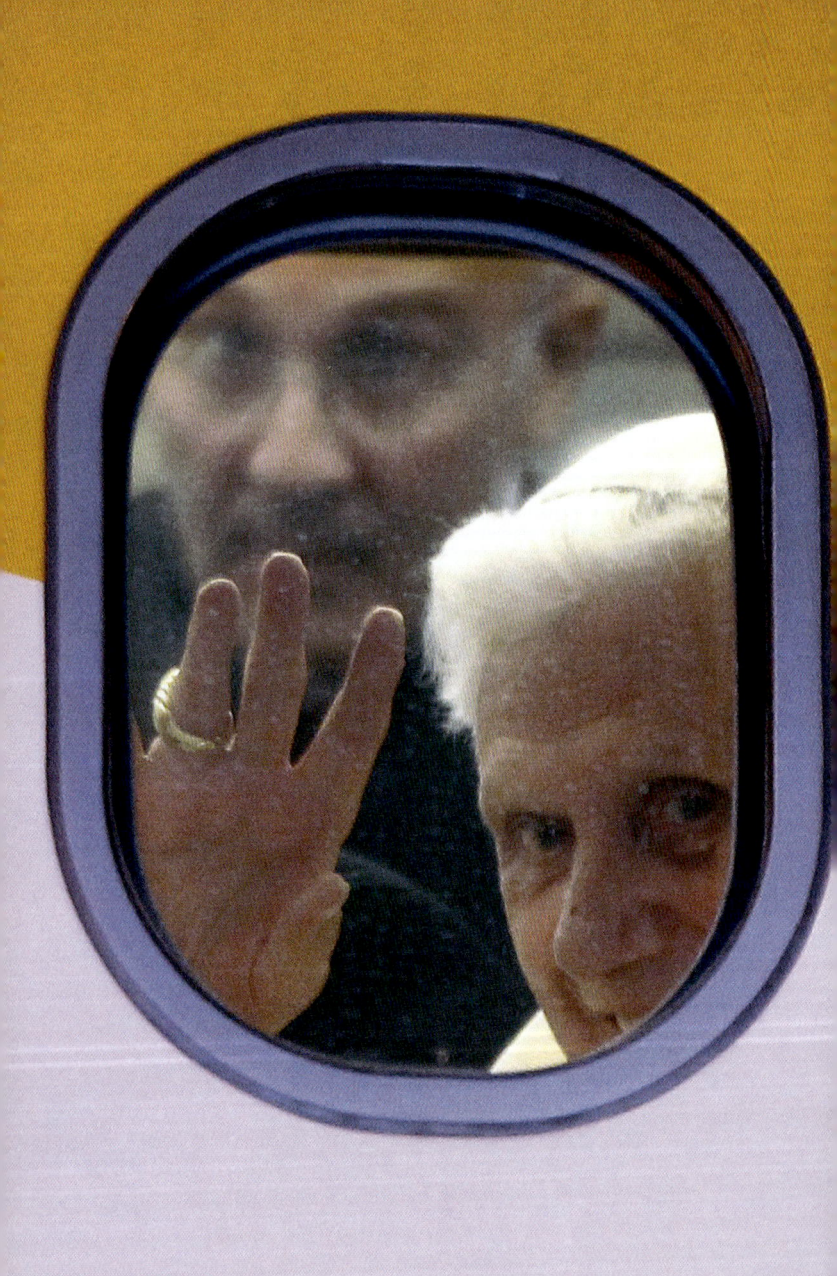

Benedikt
auf Reisen

Johannes Paul II. war der »eilige Vater« und ständig unterwegs, das gehörte auch irgendwie zu seinem Naturell. Benedikt XVI. dagegen war vom Charakter her kein Globetrotter, kein Fan von Megaevents. Und doch bereiste er als Papst die ganze Welt, insgesamt 24 Auslandstrips und 31 Besuche in Italien unternahm er. Viele nur kurz, nicht wenig strapaziös und einige heikel und nicht ungefährlich.

Welche Reise dabei am beeindruckendsten oder wichtigsten war, darüber kann natürlich immer gestritten werden. Die USA mit dem Auftritt vor der UN oder dem Treffen mit Missbrauchsopfern? Oder die drei Besuche in der Heimat und die Rede über Luther im Erfurter Augustinerkloster? Oder doch eine ganz andere Reise? Egal. Berührende Szenen und Worte gab es fast überall und die Wichtigkeit und Bedeutung einer Reise hängt wesentlich auch von der Perspektive ab – oder ob man halt gerade aus dem bereisten Land kommt. Ein Besuch indes bleibt in Gedächtnis, weil er eine Seite von Benedikt XVI. zeigt, die ihm im Vergleich zu seinem Vorgänger immer etwas abgesprochen wurde: die des Chefdiplomaten und Chefcharmeurs.

Die Rede ist von seiner Reise in die Türkei 2006. Nur wenige Wochen nach der berühmten Regensburger Rede, die in der arabisch-muslimischen Welt für

Proteste und sogar Gewalt gesorgt hatte. Im Vorfeld des Besuchs in der Türkei war deshalb auch stets von größter Alarmbereitschaft gesprochen worden und nicht wenige meinten damit auch den Papst selbst, sahen sie schon einen weiteren GAU am diplomatischen Himmel aufziehen.

Sollte Benedikt XVI. selbst diesen Druck verspürt haben, so ließ er sich das nach außen kaum anmerken. Nur ihm Nahestehende sagten später, man habe durchaus gemerkt, dass diesmal ein bisschen mehr Gewicht als sonst auf seinen schmalen Schultern gelastet habe. Gewicht, das während und am Ende der Reise komplett abgefallen sein muss, denn die Tage in der Türkei waren kirchen- und religionspolitisch ein Erfolg. Und mit seinen Schlussworten vor seiner Abreise am Istanbuler Flughafen bewies Benedikt, dass er durchaus ein Chefcharmeur sein konnte: »Ich habe tiefe Dankbarkeit in meinem Herzen, und ein Teil meines Herzens bleibt auch in Istanbul.«

Zum ersten Mal nach meiner Wahl auf den Stuhl Petri stehe ich heute voll Freude auf dem Boden meines lieben Vaterlandes, Deutschland. Ich kann nur wiederholen, was ich in einem Interview mit Radio Vatikan gesagt habe: Ich sehe es als eine liebevolle Geste der Vorsehung an, dass sie es eingerichtet hat – ich hatte es nicht gewollt –, dass sie es eingerichtet hat, dass mein erster Besuch außerhalb Italiens in meinem Vaterland stattfindet. Hier in Köln und damit zu einem Zeitpunkt, an einem Ort und zu einem Anlass, wo sich junge Menschen aus aller Welt, aus allen Kontinenten treffen, wo die Grenzen zwischen Kontinenten, zwischen Kulturen, zwischen Rassen und Nationen verschwinden, weil wir alle eins sind durch den Stern, der uns erschienen ist – den Stern des Glaubens, Jesus Christus, der uns eint und der uns gemeinsam den Weg zeigt, sodass wir hier alle miteinander eine große Kraft des Friedens über alle Grenzen und Trennungen hinweg sind. So sage ich Gott von Herzen Dank für diese Fügung, dass ich hier in meiner Heimat und mit einem solchen friedensstiftenden Anlass beginnen darf. Der Herr segne alle, die hier zugegen sind, sowie auch alle Pilger und die Bewohner des Landes. Gott schütze die Bundesrepublik Deutschland!

ANSPRACHE, 18. AUGUST 2005

46

An diesem Ort des Grauens, einer Anhäufung von Verbrechen gegen Gott und den Menschen ohne Parallele in der Geschichte, zu sprechen, ist fast unmöglich – ist besonders schwer und bedrückend für einen Christen, einen Papst, der aus Deutschland kommt. An diesem Ort versagen die Worte, kann eigentlich nur erschüttertes Schweigen stehen – Schweigen, das ein inwendiges Schreien zu Gott ist: Warum hast du geschwiegen? Warum konntest du dies alles dulden? In solchem Schweigen verbeugen wir uns inwendig vor der ungezählten Schar derer, die hier gelitten haben und zu Tode gebracht worden sind; dieses Schweigen wird dann doch zur lauten Bitte um Vergebung und Versöhnung, zu einem Ruf an den lebendigen Gott, dass er solches nie wieder geschehen lasse.

Vor 27 Jahren, am 7. Juni 1979, stand hier Papst Johannes Paul II. als Sohn des polnischen Volkes. Ich stehe hier als Sohn des deutschen Volkes, und gerade deshalb muss ich, darf ich wie er sagen: Ich konnte unmöglich nicht hierherkommen. Ich musste kommen. Es war und ist eine Pflicht der Wahrheit, dem Recht derer gegenüber, die gelitten haben, eine Pflicht vor Gott, als Nachfolger von Johannes Paul II. und als Kind des deutschen Volkes hier zu stehen. Ja, ich konnte unmöglich nicht hierherkommen.

ANSPRACHE, 28. MAI 2006

Verehrte Damen und Herren, liebe Landsleute!

In wenigen Tagen werde ich zu meiner Reise nach Deutschland aufbrechen, und ich freue mich schon darauf. Ich freue mich besonders auf Berlin, wo es viele Begegnungen geben wird, und freue mich besonders natürlich auf die Rede im Bundestag und auf den großen Gottesdienst, den wir im Olympiastadion feiern dürfen.

Ein Höhepunkt der Reise wird Erfurt sein: Im Augustinerkloster, in der Augustinerkirche, in der Luther seinen Weg begonnen hat, darf ich mich mit Vertretern der Evangelischen Kirche Deutschlands treffen. Wir werden dort miteinander beten, auf das Wort Gottes hören, miteinander denken und noch sprechen.

Etwas Besonderes ist für mich die Begegnung mit dem Eichsfeld, diesem kleinen Landstrich, der durch alle Verwirrungen der Geschichte hindurch katholisch geblieben ist; und dann der Südwesten Deutschlands, mit Freiburg, der großen Stadt, mit vielen Begegnungen, die dort sein werden, besonders mit einer Vigil für die Jugend, mit dem großen Gottesdienst, der die Reise abschließt.

All dies ist nicht religiöser Tourismus, und noch weniger eine Show. Worum es geht, sagt das Leitwort dieser Tage: »Wo Gott ist, da ist Zukunft.« Es soll darum gehen, dass Gott wieder in unser Blickfeld tritt, der so oft ganz abwesende Gott, dessen wir doch so sehr bedürfen.

WORT ZUM SONNTAG, 17. SEPTEMBER 2011

Überall, wo der Bischof von Rom hingeht, tut er das mit dem Ziel, die Christen im Glauben zu stärken, aber auch er kehrt nach Hause zurück gestärkt von eurem Glauben, eurer Freude, eurer Hoffnung!

Liebe Freunde! Ich kenne eure Schwierigkeiten im gegenwärtigen sozialen Umfeld. Es sind die Schwierigkeiten der Jugendlichen und Familien von heute, insbesondere im Süden Italiens. Ich danke Gott, dass ich mit euch zusammentreffen durfte, weil es dort, wo es Jugendliche und Familien gibt, die den Weg des Evangeliums wählen, immer Hoffnung gibt. Ich habe euch ein Zeugnis der Heiligkeit mitgebracht, und ihr schenkt mir euer Zeugnis: die Gesichter so vieler Jugendlicher aus dieser Region, die Christus mit der Radikalität des Evangeliums geliebt haben. Das ist das größte Geschenk, das wir erhalten haben: Kirche zu sein, in Christus Zeichen und Werkzeug der Einheit, des Friedens, der wahren Freiheit zu sein. Niemand kann uns diese Freude nehmen!

Habt Mut, liebe Jugendliche und Familien! Seid heilig! Stellt euch in der Schule Mariens, unserer Mutter, ganz Gott zur Verfügung, lasst euch von seinem Wort und seinem Geist formen, und ihr werdet abermals und immer mehr Salz und Licht dieser eurer geliebten Heimat sein. Danke!

ANSPRACHE, 3. OKTOBER 2010

54

Großvater
Benedikt

Was war nicht alles spekuliert worden: Von einer grauen – oder besser weißen – Eminenz, die im Hintergrund die Fäden zieht. Von einer Konterrevolution, aus einem kleinen, abgelegenen Klösterchen in den Vatikanischen Gärten. Ja, gar von einem Schisma, mit Anhängern des neuen und des alten Papstes. Keine Frage, der Rücktritt von Benedikt XVI. und sein Rückzug in das Kloster »Mater Ecclesiae« war für Verschwörungstheoretiker – und die haben bekanntlich seit Jahrhunderten mit dem Vatikan ein besonderes Lieblingssujet – ein Fest. Allerdings kein besonders langes. Denn egal, was man von Benedikt XVI., seinem Pontifikat und dessen Ende halten möchte, seine Ankündigung zum Rücktritt hat er vom ersten Tag an konsequent eingehalten: »Was mich selbst betrifft, so möchte ich auch in Zukunft der Heiligen Kirche Gottes mit ganzem Herzen durch ein Leben im Gebet dienen.« Auch und besonders in Bezug auf den neuen Papst, wie er vor dem Konklave an die Kardinäle gerichtet versprach: »Und unter euch, im Kardinalskollegium, ist auch der zukünftige Papst, dem ich schon heute meine bedingungslose Ehrerbietung und meinen bedingungslosen Gehorsam verspreche.«

Wie gesagt: Benedikt XVI. hat Wort gehalten und lang still. Es hat gedauert, bis er wieder einmal auftrat und öffentlich sprach. Zwar hat sich auch Kritik an der Veröffentlichung des Buches »Letzte Gespräche« mit dem Journalisten Peter Seewald entzündet, manche waren der Meinung, dieses Buch sollte es gar nicht geben, gerade mit Rücksicht auf Papst Franziskus. Und dennoch: Auch in diesem Werk und ganz generell äußert sich Benedikt XVI. nur in allerhöchstem Respekt in Bezug auf seinen Nachfolger Franziskus. Der wiederum erwidert diesen Respekt und hat seine Hochachtung vor dem Schritt Benedikts und dessen Bedeutung für ihn selbst ebenfalls von Beginn an, noch auf der Loggia und direkt nach seiner Wahl, klargemacht: »Zunächst möchte ich ein Gebet sprechen für unseren emeritierten Bischof Benedikt XVI. Beten wir alle gemeinsam für ihn, dass der Herr ihn segne und die Mutter Gottes ihn beschütze.«

Gut, das lässt sich ja schnell mal sagen. Ist taktisch auch clever: Den alten Chef loben, um sofort seine Sympathien und die seiner Anhänger zu gewinnen. Klingt wie aus einem Einführungsseminar für Führungskräfte. Dass das im Fall von Franziskus aber mehr war und ist als lediglich ein kluges Spielchen, das hat sich schnell herausgestellt. Der Umgang der beiden Päpste ist nicht nur von großer Hochachtung und Respekt, sondern von echter Sympathie geprägt. Ein Beispiel gefällig? Die beiden sprechen regelmäßig miteinander vor nahezu jeder Auslandsreise sucht der amtierende Stellvertreter Petri den emeritierten im Klösterchen auf. Zum ersten Mal trafen sie, beide ganz in Weiß, wenige Wochen nach dem Konklave aufeinander, der neu gewählte Papst Franziskus besuchte seinen Vorgänger in dessen damaligem Übergangsdomizil in Castel Gandolfo. Das Bild der beiden, gemeinsam betend auf einer Bank, ging um die Welt – da nannte Franziskus Benedikt einen »Bruder«. Noch lieber verwendet er inzwischen eine andere Bezeichnung, die viel von dem verrät, was der Bayer dem Argentinier bedeutet: »Er hat mit Mut – mit Mut! – und mit Gebet und auch mit Wissen, mit Theologie entschieden, diese Türe (gemeint ist der Rücktritt, Anm. d. Herausgebers) zu öffnen. Und ich glaube, dass das gut ist für die Kirche.« Und Franziskus fügte hinzu: »Er ist sehr intelligent, und für mich ist er der weise Großvater, der Mann, der mir die Schultern freihält und den Rücken deckt mit seinem Gebet.«

Benedikt ist emeritierter Papst. Er hat an jenem 11. Februar, an dem er seinen Rücktritt für den 28. Februar verkündete, klar gesagt, er werde sich zurückziehen, um der Kirche mit dem Gebet zu helfen. Und Benedikt ist im Kloster und betet. Ich habe ihn viele Male besucht oder mit ihm telefoniert... Vor ein paar Tagen hat er mir einen kleinen Brief geschrieben – er unterzeichnet noch mit seiner Unterschrift – und hat mir seine Glückwünsche für diese Reise übermittelt. Nie werde ich jene Ansprache vergessen, die er uns Kardinälen am 28. Februar gehalten hat: »Einer von euch wird mit Sicherheit mein Nachfolger sein. Ich verspreche ihm Gehorsam.« Und er hat es getan.

PAPST FRANZISKUS ÜBER BENEDIKT XVI., AM 26. JUNI 2016, BEI EINER PRESSEKONFERENZ DER APOSTOLISCHEN REISE NACH ARMENIEN

Eine zweite Anregung zum Nachdenken geht vom heutigen Gedenktag der hl. Joachim und Anna aus, der Eltern der Gottesmutter und somit der Großeltern Jesu. Dieses Fest lässt an das Thema der Erziehung denken, das einen wichtigen Platz in der Seelsorge der Kirche einnimmt. Es lädt uns insbesondere dazu ein, für die Großeltern zu beten, die in der Familie die Bewahrer und oft Zeugen der Grundwerte des Lebens sind. Die erzieherische Aufgabe der Großeltern ist immer sehr wichtig, und sie wird noch wichtiger, wenn die Eltern aus unterschiedlichen Gründen nicht in der Lage sind, eine angemessene Präsenz bei den heranwachsenden Kindern zu gewährleisten. Dem Schutz der hl. Anna und des hl. Joachim empfehle ich alle Großeltern der Welt und erteile ihnen einen besonderen Segen. Die Jungfrau Maria, die einer schönen Ikonographie nach auf den Knien ihrer Mutter Anna das Lesen der Heiligen Schrift erlernte, helfe ihnen, an den Quellen des Wortes Gottes stets den Glauben und die Hoffnung zu nähren.

ANGELUS, 26. JULI 2009

68

In der Vergangenheit hatten die Großeltern eine wichtige Rolle im Leben und Wachsen der Familie. Auch in vorgerücktem Alter waren sie weiterhin mit ihren Kindern, ihren Enkeln und sogar Urenkeln zusammen und gaben ein lebendiges Zeugnis liebevoller Sorge, Aufopferung und tagtäglicher vorbehaltloser Hingabe. Die Großeltern sollen wieder in der Familie, in der Kirche und in der Gesellschaft lebendig gegenwärtig sein. Was die Familie betrifft, so sollen die Großeltern weiterhin Zeugen der Einheit und der Werte sein, die auf der Treue zu einer einzigen Liebe gründen, die den Glauben und die Lebensfreude hervorbringt. Könnte man angesichts der Krise der Familie nicht vielleicht einen Neuanfang setzen mit der Gegenwart und dem Zeugnis derjenigen – nämlich der Großeltern –, die über eine größere Überzeugungskraft für Werte und Vorhaben verfügen? Man kann nämlich die Zukunft nicht planen, ohne auf eine Vergangenheit zurückzugreifen, die voller bedeutsamer Erfahrungen und geistlicher und moralischer Bezugspunkte ist. Wenn ich an die Großeltern, an ihr Zeugnis der Liebe und Treue zum Leben denke, fallen mir die biblischen Gestalten von Abraham und Sara, Elisabet und Zacharias, Joachim und Anna sowie auch die hochbetagten Simeon und Hanna oder auch Nikodemus ein: Sie alle erinnern uns daran, dass der Herr von einem jeden in jedem Lebensalter das Einbringen seiner Talente fordert.

ANSPRACHE, 5. APRIL 2008

Bruder
Benedikt

Georg und Joseph. Die beiden Brüder Ratzinger müsste man eigentlich unzertrennlich nennen. Sind sie indes nicht, zumindest nicht örtlich. Denn der eine, der Jüngere, zog aus, um in Rom über die Lehre der Kirche zu wachen und später als erster deutscher Papst seit Jahrhunderten und natürlich mit seinem Rücktritt Geschichte zu schreiben. Der Ältere, Georg, dagegen blieb in der Heimat und seiner großen Passion, der Musik, treu. Lange Strecken ihres Lebensweges gingen die Brüder, die ihre Priesterweihe gemeinsam am 29. Juni 1951 gefeiert hatten, deshalb getrennt. Sie, die von ihren Altersgenossen gerne »Bücherratz« (Joseph) und »Orgelratz« (Georg) genannt wurden. Und doch, irgendwie passt unzertrennlich dann doch wieder: Denn die Verbundenheit der beiden war in unzähligen Momenten zu spüren. Zum Beispiel 2006 beim historischen Besuch von Benedikt XVI. in seiner Heimat, als Bayern »seinen« Papst und natürlich typisch bajuwarisch auch sich selbst feierte. Mit Dirndl und Trachtenjanker, mit Alpenglühen und weiß-blauem Himmel, mit dem Lied der Bayern und dem Gebet vor der Altöttinger Schwarzen Madonna. Beinahe unterging in diesen Freuden- und Festtagen die Begegnung der beiden Brüder in Pentling. Anders als Johannes Paul II. war Benedikt XVI. kein Spontifex, keiner der ständig ausbüxte und mit Überraschungstouren seine Leibwächter zur Verzweiflung brachte. Doch an diesem privaten Tag während seines Bayernbesuches überrascht er alle, als er seinen Bruder Georg spontan und zu Fuß aus dessen Haus in der Regensburger Luzensgasse abholt. Die beiden spazieren zur Alten Kapelle und der Weihe der »Benediktorgel«. Danach geht es weiter nach Pentling, ein Vorort Regensburgs, wo Joseph in seiner Zeit als Professor das Häuschen hat bauen lassen, das den beiden einmal als Altersdomizil dienen sollte.

Es kam bekanntlich ganz anders und deshalb war der Besuch in diesem Haus auch wie eine Reminiszenz an einen Traum, den die beiden für ihren Lebensabend gehabt hatten. In Pentling dann der Gang zum Ziegetsdorfer Friedhof und dem Ratzingerschen Familiengrab, auch Maria, die bis zu ihrem Tod 1991 ihrem Bruder Joseph im Haushalt half, liegt hier begraben. Und die Szene, die so viel aussagt über den Familienmenschen Benedikt XVI. und seine Beziehung zu seinem Bruder Georg: gemeinsam betend vor dem Familiengrab, Georg in Schwarz und stehend, Joseph in Weiß und kniend. Minuten der Stille, nicht einmal durchbrochen durch die Feierlaune seiner Landsleute. Danach der kurze Blick der beiden zueinander – wäre der

Spruch davon, wie viel mehr Blicke sagen als Worte, nicht solch eine furchtbare Floskel, er würde an dieser Stelle bestimmt stehen. In seinen »Letzten Gesprächen« spricht Benedikt XVI. über seine Beziehung zu Georg: »Er war einfach ein Bub, der wusste, was er will, der sehr klare, entschiedene Ideen hatte. Zugleich standen wir uns von Anfang an nahe, wir gehörten halt einfach zusammen.«

Diese Beziehung ist dann eben doch unzertrennlich, bis heute. Wie auch zuvor, haben die beiden nach dem Rücktritt Benedikts XVI. gemeinsame Urlaube verbracht, kürzer freilich, denn Georg kann mit seinen inzwischen 93 Jahren kaum mehr reisen. Und wenn doch, dann muss er für seinen Bruder Joseph eines immer tun: »Wenn ich bei ihm bin, muss ich ihm jeden Tag ein Lied vorspielen.«

Es ist schön, dass ich wenigstens einmal noch meine alte Heimat sehen darf, auf den Stätten herumgehen, wo ich gewesen bin. Und ich fliege nach Hause in der Freude darauf, dass wir ein großes Fest des Glaubens feiern werden und dass das auch das Miteinander mit euch stärken wird. ›Mein Herz schlägt bayrisch‹ – ist ein Buch herausgegeben worden. Andererseits ist so viel Erinnerung in meiner Seele, dass ich in den Landschaften der Erinnerung immer herumwandern kann, mich gar nicht so weit weg fühle, zumal ich jeden Abend mit meinem Bruder telefonieren kann. Also so ganz arg weit entfernt fühle ich mich nicht.

PRESSEKONFERENZ IM FLUGZEUG, 9. SEPTEMBER 2006

Der Mensch kann Gottes Bild sein, weil Jesus Gott und Mensch, das wahre Bild Gottes und des Menschen ist. Er hat in der Auferstehung die Mauer des Todes durchbrochen, für uns alle. Er hat dem Menschen den Raum des ewigen Lebens in der Gemeinschaft mit Gott eröffnet. Endlich wird uns gesagt: Er ist der Erstgeborene unter vielen Brüdern. Ja, er ist nun doch der erste einer Reihe von Geschwistern: der erste, der uns das Mitsein mit Gott eröffnet. Er schafft die wahre Brüderlichkeit – nicht die von der Sünde entstellte Brüderlichkeit von Kain und Abel, von Romulus und Remus, sondern die neue Brüderlichkeit, in der wir Gottes eigene Familie sind. Diese neue Familie Gottes beginnt in dem Augenblick, da Maria den »Erstgeborenen« mit Windeln umwickelt und in die Krippe legt. Bitten wir ihn: Herr Jesus, der du als der erste unter vielen Geschwistern geboren werden wolltest, schenk uns die wahre Geschwisterlichkeit. Hilf uns, dass wir dir ähnlich werden. Hilf uns, in dem anderen, der meiner bedarf, in denen, die leidend oder verlassen sind, in allen Menschen dein Gesicht zu erkennen und mit dir als Brüder und Schwestern zu leben, um zu einer Familie, zu deiner Familie zu werden.

PREDIGT, 24. DEZEMBER 2010

Was Sie (die Regensburger Domspatzen, Anm. d. Herausgebers) gesungen haben, war immer Musik, die, aus der Inspiration des Glaubens geboren, wieder zum Glauben und zum Gebet hinführt – Musik, die in uns die Freude an Gott weckt. Ich habe mich dabei in meine Regensburger Jahre zurückversetzt gefühlt – in die schönen Zeiten, als ich durch meinen Bruder selber ein wenig in die Familie der Domspatzen hineinwachsen durfte. Am Ende seiner 30-jährigen Arbeit mit Eurem Chor hat er über diese Zeit gesagt: »Der liebe Gott hätte mir keine bessere Aufgabe geben können.« Das ist nicht nur ein persönlicher Dank für eine wunderbare Berufung gewesen.

ANSPRACHE, 2. OKTOBER 2005

Der
Bestseller-
Papst

Schwierige Entscheidungen, mediale Dauerbeob-achtung oder auch nur Audienzmarathon um Au-dienzmarathon: Das Papstamt ist sicherlich wenig vergnügungssteuerpflichtig und oft eine enorme Aufgabe. Persönliche Bedürfnisse, Hobbys und Lei-denschaften stehen bei dem ungeheuren Pensum, das das Oberhaupt der katholischen Kirche bewäl-tigen muss, meistens sehr, sehr weit hinten an. Jo-hannes Paul II. gönnte sich immer mal wieder einen Ausflug in die Berge, manchmal sogar mit seinen Ski. Sein Nachfolger liebt die Berge auch, das Ski-fahren dagegen weniger, seine rare freie Zeit nutzt er aber ohnehin für etwas anderes: das Schreiben. Gut, alle Päpste schreiben. Und zwar en masse: En-zykliken, Bullen und Tonnen von Briefen, Ernen-nungsurkunden und andere Dokumente. Benedikt XVI. hat das während seines Pontifikats auch ge-macht, natürlich. Aber, anders als seine modernen Vorgänger und auch als sein Nachfolger bislang, hat der Papst aus Deutschland ein dreibändiges Werk verfasst, das noch während seiner Amtszeit er-schien und für gewaltige Furore gesorgt hat – und in manchen Kreisen sogar Furor.

Jesu-Trilogie nennt man die drei Bände etwas sa-lopp. Was klingt wie ein Hollywood-Blockbuster ist das Werk eines Papstes, der sich darin in seiner großen Leidenschaft als schreibender Theologe und zugleich als Gläubiger in seinem ganz persönlichen Christus-Bekenntnis zeigt. Platt gesagt: Dort steht, was und wie Benedikt XVI. an Jesus Christus glaubt. So schreibt er direkt im Vorwort des ersten Bandes: »Zu dem Jesus-Buch, dessen ersten Teil ich hiermit der Öffentlichkeit vorlege, bin ich lange innerlich unterwegs gewesen.« Es folgen Zeilen über Bücher und Autoren, die sich mit Jesus und der Frage nach seiner Historizität, seinem Selbstverständnis und anderen Dingen, beschäftigt haben. Und dann, ganz am Ende des Vorwortes: »Gewiss brauche ich nicht eigens zu sagen, dass dieses Buch in keiner Weise ein lehramtlicher Akt ist, sondern einzig Ausdruck meines persönlichen Suchens ›nach dem Angesicht des Herrn‹ (vgl. Ps 27,8). Es steht daher jedermann frei, mir zu widersprechen. Ich bitte die Leserinnen und Leser nur um jenen Vorschuss an Sympathie, ohne den es kein Verstehen gibt.«

Aus diesen Zeilen spricht ein zurückhaltender Benedikt XVI., dem es um das Werk und natürlich dessen Inhalt geht. Zugleich darf man annehmen, dass er sich durchaus dessen bewusst war, was ein schreibender Papst und ein päpstliches Schreiben in dieser Form bedeuten würden. Applaus, das reichlich, und Kritik, zwar weniger, aber eben auch. Was er vermutlich ebenso wenig wie die meisten anderen gedacht hätte: dass die Trilogie ein Bestseller werden würde. Und zwar weltweit, mit Spitzenplatzierungen in den Bestsellerlisten und einer weltweiten Auflage in Millionenhöhe. Ein theologisches Werk über Jesus als eines der erfolgreichsten Sachbücher der letzten Jahrzehnte: Damit hätte wohl kaum einer gerechnet.

Der Erfolg der Trilogie ist nach wie vor überwältigend. Die Ironie daran: Als Spitzenautor gilt er erst seitdem. Dabei hat Benedikt XVI. schon als Joseph Ratzinger – egal ob als Professor oder Kardinal – sehr erfolgreich Bücher geschrieben. Aber: Das Etikett »Bestsellerpapst« klingt nun einmal am besten.

Wenn wir bei unseren Tätigkeiten eine Ruhepause einlegen können, besonders im Urlaub, nehmen wir oft ein Buch zur Hand, das wir lesen möchten. Genau das ist der erste Aspekt, bei dem ich heute verweilen möchte. Jeder von uns braucht Zeiten und Orte der Sammlung, der Betrachtung, der Ruhe... Gott sei gedankt, dass es so ist! Denn dieses Bedürfnis sagt uns, dass wir nicht nur zum Arbeiten gemacht sind, sondern auch zum Denken, zum Überlegen oder einfach dazu, mit dem Verstand und mit dem Herzen einer Erzählung zu folgen, einer Geschichte, in die wir uns hineindenken, in der wir uns gewissermaßen »verlieren«, um dann bereichert daraus hervorzugehen.

Viele der Bücher, die wir im Urlaub als Lektüre zur Hand nehmen, dienen zumeist der Ablenkung, und das ist normal. Dennoch widmen sich viele Menschen, besonders dann, wenn sie längere Ruhepausen einlegen können, einer anspruchsvolleren Lektüre. Ich möchte daher einen Vorschlag machen: Warum machen wir uns nicht daran, einige Bücher der Bibel zu entdecken, die gewöhnlich nicht bekannt sind – oder aus denen wir vielleicht einen Abschnitt in der Liturgie gehört haben, die wir jedoch nie in ganzer Länge gelesen haben?

Damit wir uns umfassend erholen, brauchen wir auch tiefere Kraftquellen, die wir im Gebet, beim Besuch einer Kirche, beim Lesen der Bibel oder eines religiösen Buches finden. So denke ich, dass vielleicht gerade die Ferien ein Anlass sein könnten, einmal ein Buch der Bibel zu lesen und so dem Wort Gottes näherzukommen. Solche geistlichen Akzente bereichern den Urlaub und schaffen tiefe Erholung.

GENERALAUDIENZ, 3. AUGUST 2011

Endlich kann ich das lange versprochene kleine Buch über die Kindheitsgeschichten Jesu den Leserinnen und Lesern in die Hand legen. Es ist nicht ein dritter Band, sondern eine Art kleine Eingangshalle zu den beiden Bänden über Gestalt und Botschaft Jesu von Nazareth, die vorangegangen sind. Hier habe ich nun im Dialog mit vergangenen und gegenwärtigen Auslegern versucht, das zu interpretieren, was Matthäus und Lukas am Beginn ihrer Evangelien von Jesu Kindheit berichten. Dabei bin ich mir bewusst, dass dieses Gespräch im Ineinander von Vergangenheit, Gegenwart und Zukunft nie zu Ende sein kann und dass jede Auslegung hinter der Größe des biblischen Textes zurückbleibt. Ich hoffe, dass das kleine Buch trotz seiner Grenzen vielen Menschen auf ihrem Weg zu Jesus und mit Jesus helfen kann.

AUS: JESUS VON NAZARETH, PROLOG. DIE KINDHEITSGESCHICHTEN, 15. AUGUST 2012

Benedikt und seine Heiligen

Wurde er nach seinen Lieblingsheiligen, abgesehen mal von seinem Namenspatron, dem heiligen Joseph, gefragt, so antwortete Benedikt XVI. meist ausweichend. Und lauscht und liest man seine Katechesen oder auch Predigten über die großen Gestalten der katholischen Kirche, so sprechen aus allen große Wertschätzung und Ehrfurcht. Über manche hat er sich auch besonders geäußert, zum Beispiel: »Ich bin mit Augustinus, mit Bonaventura, mit Thomas von Aquin befreundet. Man sagt dann auch zu solchen Heiligen: Helft mir!« Und in einem Interview nannte er neben diesen großen drei noch den heiligen Franziskus von Assisi als einer, der sein »Leben lang Reisegefährte« gewesen wäre.

Einen Heiligen, der für Benedikt XVI. eine besondere Bedeutung besitzt, hat man aber seltener auf dem Schirm. Die Rede ist vom heiligen Karl Borromäus. Kennt man nicht? In Deutschland tatsächlich weniger, in Italien und vor allem seiner Heimatdiözese ist er dagegen einer der beliebtesten und verehrtesten Heiligen überhaupt. Benedikt XVI. schrieb am 4. November 2011 anlässlich des 400. Jahrestages der Heiligsprechung von Karl Borromäus: »Karl Borromäus lebte in einer für die Christenheit recht schwierigen Zeit. Der Erzbischof von Mailand gab in ihr ein hervorragendes Beispiel dafür ab, was es heißt, für die Reform der Kirche zu wirken. Es galt, wegen vieler Unregelmäßigkeiten Sanktionen zu erteilen, viele Irrtümer zu korrigieren, viele Strukturen zu erneuern; jedoch wirkte Karl Borromäus für eine tiefgehende Reform der Kirche, indem er von seinem eigenen Leben ausging.«

Liest man diese Zeilen und denkt dabei an Vatileaks, an den Eklat um die Piusbruderschaft oder natürlich das Bekanntwerden der erschütternden Missbrauchsfälle in der katholischen Kirche, so kann man sich vorstellen, weshalb der Heilige aus Mailand dem Papst so viel bedeutet, welche Parallelen er vielleicht sogar sieht. So schrieb Benedikt XVI. weiter: »Während des Episkopats des hl. Karl fühlte sich seine ganze weitreichende Diözese von einer Strömung der Heiligkeit erfasst, die sich im gesamten Volk verbreitete. Auf welche Weise ist es diesem so anspruchsvollen und strengen Bischof gelungen, das Volk der Christen zu begeistern und zu erobern? Die Antwort ist einfach: Der hl. Karl hat es mit der Glut seiner Liebe erleuchtet und mitgerissen. ›Deus caritas est‹, und wo die lebendige Erfahrung der Liebe ist, da offenbart sich das tiefe Antlitz Gottes, der uns anzieht und zu den Seinen macht.« An anderer Stelle zitiert der emeritierte Papst den heiligen Karl und sagt: »Du kannst nicht für die Seelen der anderen sorgen, wenn du die deinige verkümmern lässt. Dann sorgst du am Schluss auch für die anderen nicht mehr. Du musst auch Zeit für dich mit Gott haben.«

Übrigens: Neben den gerade genannten Heiligen darf natürlich einer nicht vergessen werden, der »Pontifikats-Patron« Benedikt von Nursia. Über den sagte Benedikt XVI. einmal:»Heute möchte ich über den hl. Benedikt, den Begründer des abendländischen Mönchtums und Schutzpatron meines Pontifikats, sprechen. Benedikt bezeichnet die ›Regel‹ als eine ›einfache Regel als Anfang‹; in Wirklichkeit bietet sie jedoch nützliche Anweisungen nicht nur für die Mönche, sondern auch für all jene, die auf ihrem Weg zu Gott eine Anleitung suchen. Hören wir auf der Suche nach dem wahren Fortschritt auch heute die ›Regel‹ des hl. Benedikt als ein Licht für unseren Weg. Der große Mönch bleibt ein wahrer Lehrmeister, in dessen Schule wir die Kunst lernen können, den wahren Humanismus zu leben.«

Der hl. Augustinus ist ein Mensch, der nie oberflächlich gelebt hat. Eines der grundlegenden Merkmale seines Lebens ist der Durst, die unruhige und ständige Suche nach der Wahrheit, aber nicht nach jenen »Scheinwahrheiten«, die dem Herzen keinen dauerhaften Frieden schenken können, sondern nach jener Wahrheit, die dem Leben Sinn gibt und die die »Ruhstatt« ist, in der das Herz Frieden und Freude findet. Wir wissen, dass sein Weg nicht einfach war: Er meinte, die Wahrheit im Ansehen, in der Karriere, im materiellen Besitz zu finden, in den Stimmen, die ihm unmittelbares Glück versprachen. Er hat Fehler gemacht, er hat Zeiten der Trauer erlebt, er hat Misserfolge erlitten, aber er ist nie stehen geblieben, hat sich nie zufriedengegeben mit dem, was ihm nur einen schwachen Lichtschimmer vermittelte; er war fähig, in sein eigenes Inneres hineinzuschauen, und er hat gemerkt – so schreibt er in den Bekenntnissen –, dass jene Wahrheit, jener Gott, den er mit eigenen Kräften suchte, ihm innerlicher war als er sich selbst, ihm immer nahe gewesen war, ihn niemals verlassen hatte, darauf wartete, endgültig in sein Leben einzutreten.

Manchmal hat man eine gewisse Furcht vor der Stille, vor der Sammlung, vor dem Nachdenken über das eigene Handeln, über den tieferen Sinn des eigenen Lebens. Oft zieht man es vor, nur den flüchtigen Augenblick zu leben, und bildet sich ein, dass er dauerhaftes Glück bringt; oft zieht man es vor, oberflächlich zu leben, ohne nachzudenken, weil es einfacher zu sein scheint; oft hat man Angst, die Wahrheit zu suchen. Oder vielleicht hat man Angst, dass die Wahrheit uns findet, uns ergreift und unser Leben ändert wie beim hl. Augustinus.

GENERALAUDIENZ, 25. AUGUST 2010

Es ist nicht erstaunlich, dass die Lehre über die Würde der Person, die für die Anerkennung der Unantastbarkeit der Menschenrechte grundlegend ist, in geistigen Umfeldern herangereift ist, die das Erbe des hl. Thomas von Aquin, der eine sehr hohe Auffassung vom menschlichen Geschöpf besaß, aufgegriffen haben. Die Tiefe des Denkens des hl. Thomas von Aquin entspringt – das dürfen wir nie vergessen – seinem lebendigen Glauben und seiner eifrigen Frömmigkeit, die er durch geisterfüllte Gebete zum Ausdruck brachte wie durch dieses, in dem er Gott bittet: »Schenk mir, o Gott, Verstand, der dich erkennt, Eifer, der dich sucht, Weisheit, die dich findet, einen Wandel, der dir gefällt, Beharrlichkeit, die gläubig dich erwartet, Vertrauen, das am Ende dich umfängt.«

GENERALAUDIENZ, 16. JUNI 2010

Ich möchte noch eine besondere Ermahnung an die Familienväter richten, da ja der hl. Josef ihr Vorbild ist. Er kann sie das Geheimnis ihrer eigenen Vaterschaft lehren, er, der für den Menschensohn Fürsorge getragen hat. Ebenso empfängt jeder Vater von Gott seine Kinder, die nach seinem Abbild und Gleichnis geschaffen sind. Der hl. Josef war Marias Gemahl. Auch jeder Familienvater sieht sich in das Geheimnis der Frau durch seine eigene Ehefrau eingeweiht. Liebe Familienväter, achtet und liebt eure Frau wie der hl. Josef und führt eure Kinder durch Liebe und eure aufmerksame Gegenwart zu Gott, wo sie sein müssen (vgl. Lk 2,49).

PREDIGT, 19. MÄRZ 2009

Zum Abschied kein Servus

Ein Papst aus Bayern und dann zum Abschied kein Servus, nicht einmal ein leises? Nein, nur »Grazie. Buonanotte!« waren die wenigen Worte, die Benedikt XVI., gerade noch Papst, jetzt Papa emeritus, an die zahlreichen Gläubigen richtete, die in Castel Gandolfo auf ihn gewartet hatten. Damals, an jenem 28. Februar 2013, als er seinen bereits einige Wochen zuvor angekündigten Rücktritt endgültig vollzogen hatte.

Der Abschied, dieses historische Ereignis, ist zu Beginn überhaupt nicht leise. Am 27. Februar, bei seiner letzten Generalaudienz auf dem Stuhl Petri, feiern Tausende Gläubige, darunter sehr viele Landsleute aus Bayern, Benedikt XVI. Es ist, im wahrsten Sinne des Wortes, ein »Volksfest«. Erst als der scheidende Papst seine Ansprache beginnt, wehen nicht nur Benedetto-Rufe, sondern auch Wehmut mit den Flaggen aus aller Welt über dem Petersplatz. Benedikt beginnt zu sprechen: »Ich danke euch, dass ihr so zahlreich zu meiner letzten Generalaudienz gekommen seid. Herzlichen Dank! Ich bin wirklich gerührt, und ich sehe, dass die Kirche lebt! Und ich denke, wir müssen auch dem Schöpfer Dank sagen für das schöne Wetter, das er uns jetzt – noch im Winter – schenkt. Und ganz am Ende, auf Deutsch: Ein herzliches ›Vergelt's Gott‹ sage ich allen Brüdern und

Schwestern deutscher Sprache – euch, liebe Freunde, die ihr zu dieser letzten Generalaudienz meines Pontifikats gekommen seid, und allen zu Hause. Im Gebet bleiben wir, liebe Freunde, einander nahe, und im Gebet ist der Herr uns nahe. So grüße ich euch alle von ganzem Herzen. Der Herr segne euch und die Kirche in unseren Landen.«

Nach dem Ende Ergriffenheit. Viele Menschen beginnen zu weinen, sogar einige Kardinäle. Die Bayernhymne wird gespielt, wie vorher auch schon, von einer Kapelle aus Traunstein. Mitten in diesem Moment des Abschieds wird plötzlich greifbar, was das Motto des Papstbesuches 2006 in Bayern meinte: »Wer glaubt, ist nie allein.« Und zugleich sagen hier nicht nur Landsmänner aus Traunstein und Bamberg, München und Regensburg Servus. Menschen aus aller Welt sind gekommen, um Benedikt XVI. noch einmal zu sehen, zu hören und sich segnen zu lassen. Er, der am Ende seiner Amtszeit nicht mehr überall beliebt war, der sich auch in seiner Heimat Kritik anhören musste, berechtigt bisweilen, unberechtigt nicht selten, wird noch einmal zum Liebling der Massen. Und Benedikt XVI., der so gar kein Mensch der Massen ist, zu scheu und zart und schüchtern, der scheint bei aller Emotionalität diese Momente noch einmal zu genießen.

Am Tag danach, am 28. Februar, die Verabschiedung von den Kardinälen. Die Schritte durch den Vatikan hin zum Auto. Der Handkuss seines Chauffeurs, schluchzend. Dann der Hubschrauberflug nach Castel Gandolfo, auf dem Petersplatz Tausende jubelnd, weinend, winkend. Ankunft in Castel Gandolfo und die letzte Ansprache dort. Und schließlich ein Lächeln, ein Gruß und: »Grazie. Buonanotte!«

Als ich am 19. April vor fast acht Jahren eingewilligt habe, den Petrusdienst zu übernehmen, hatte ich die feste Gewissheit, die mich immer begleitet hat: diese Gewissheit, dass die Kirche lebt und zwar aus dem Wort Gottes. Und acht Jahre danach kann ich sagen, dass der Herr mich wirklich geführt hat, er ist mir nahe gewesen, täglich habe ich seine Gegenwart wahrnehmen können. Es gibt keine Rückkehr ins Private. Meine Entscheidung, auf die aktive Ausführung des Amtes zu verzichten, nimmt dies nicht zurück. Ich kehre nicht ins private Leben zurück – in ein Leben mit Reisen, Begegnungen, Empfängen, Vorträgen usw. Ich gehe nicht vom Kreuz weg, sondern bleibe auf neue Weise beim gekreuzigten Herrn.

GENERALAUDIENZ, 27. FEBRUAR 2013

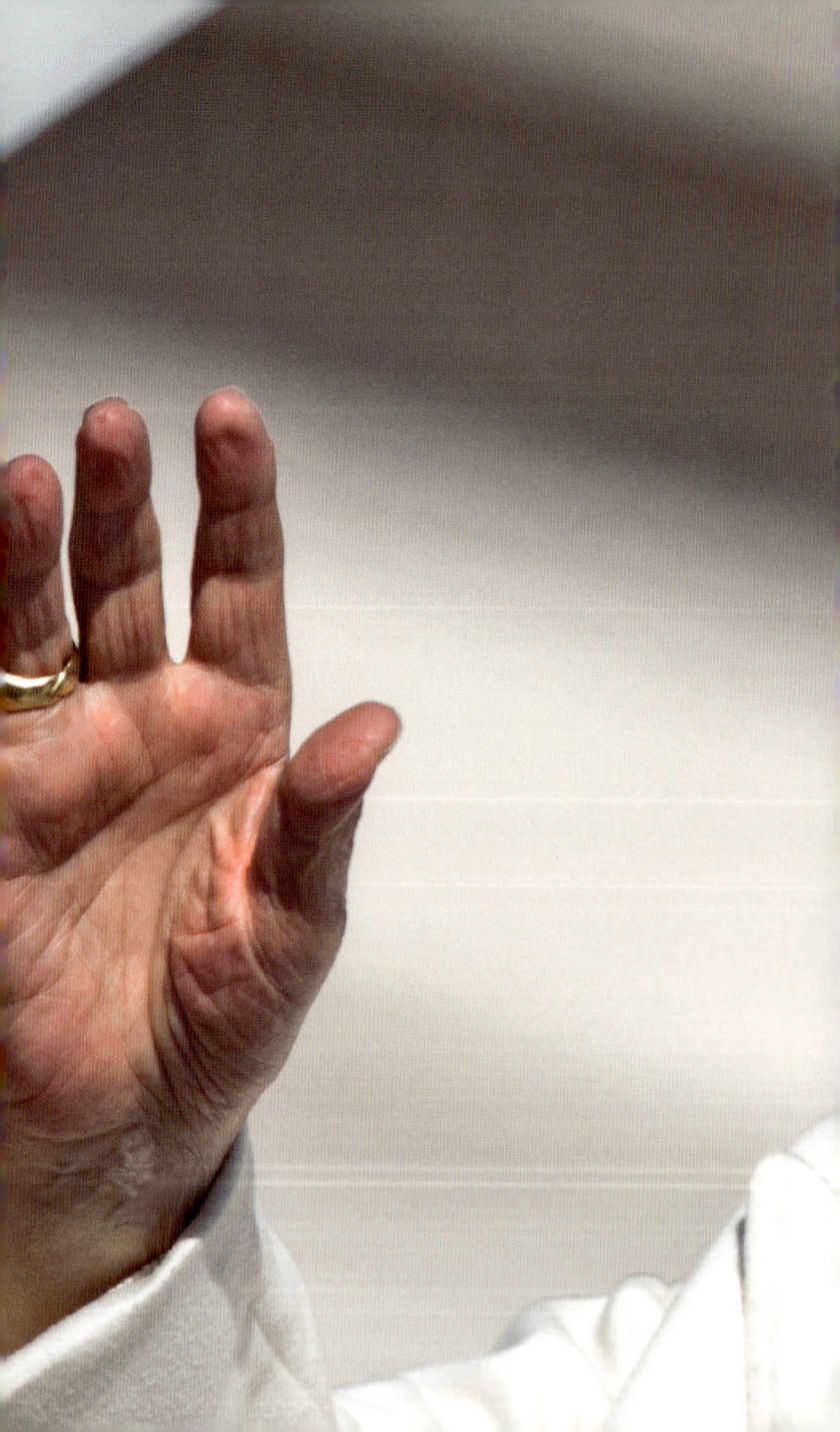

Wie der Apostel Paulus in dem biblischen Text, den wir gehört haben, spüre auch ich in meinem Innern, dass ich vor allem Gott zu danken habe, der die Kirche führt und wachsen lässt, der sein Wort aussät und so den Glauben in seinem Volk nährt. In diesem Augenblick weitet sich mein Geist und umfasst die ganze, über die Welt verbreitete Kirche. Ein Papst ist nicht allein bei der Leitung des Bootes Petri, auch wenn er der Hauptverantwortliche ist. Ich habe mich beim Tragen der Freude und der Last des Petrusdienstes nie allein gefühlt; der Herr hat mir viele Menschen zur Seite gestellt, die mir mit Großherzigkeit und Liebe zu Gott und zur Kirche geholfen haben und mir nahe waren.

Ich möchte, dass dann mein Dank alle erreicht: Das Herz eines Papstes weitet sich für die ganze Welt. Ja, der Papst ist nie allein – das erlebe ich nun noch einmal in großer, das Herz berührender Weise. Er gehört allen, und sehr viele Menschen fühlen sich ihm ganz nahe.

GENERALAUDIENZ, 27. FEBRUAR 2013

D as christliche Leben«, so habe ich in der Botschaft für diese Fastenzeit geschrieben, »besteht darin, den Berg der Begegnung mit Gott immer wieder hinaufzusteigen, um dann, bereichert durch die Liebe und die Kraft, die sie uns schenkt, wieder hinabzusteigen und unseren Brüdern und Schwestern mit der gleichen Liebe Gottes zu dienen« (Nr. 3).

Liebe Brüder und Schwestern, ich fühle, wie dieses Wort Gottes in diesem Augenblick meines Lebens besonders an mich ergeht. Der Herr ruft mich, den »Berg hinaufzusteigen«, mich noch mehr dem Gebet und der Betrachtung zu widmen. Doch dies bedeutet nicht, dass ich die Kirche im Stich lasse, im Gegenteil. Wenn Gott dies von mir fordert, so gerade deshalb, damit ich fortfahren kann, ihr zu dienen, mit derselben Hingabe und mit derselben Liebe, wie ich es bislang versucht habe, doch auf eine Weise, die meinem Alter und meinen Kräften angemessener ist. Bitten wir um die Fürsprache der Jungfrau Maria: Sie helfe uns allen, im Gebet und in der tätigen Liebe, immer Jesus, dem Herrn, zu folgen.

ANGELUS, 24. FEBRUAR 2013

Liebe Freunde! Gott leitet seine Kirche, er stützt sie immer, auch und vor allem in den schwierigen Momenten. Verlieren wir niemals diese Sicht des Glaubens, die die einzig wahre Sicht des Weges der Kirche und der Welt ist. Möge in unserem Herzen, im Herzen eines jeden von uns immer die frohe Gewissheit herrschen, dass der Herr uns zur Seite steht, uns nicht verlässt, uns nahe ist und uns mit seiner Liebe umfängt. Danke!

GENERALAUDIENZ, 27. FEBRUAR 2013